AF349466

Vente du Jeudi 30 Avril 1896

A TROIS HEURES PRÉCISES

Hôtel Drouot — Salle nº 11

DESSINS ORIGINAUX

PROVENANT DU

Courrier Français

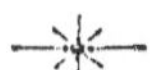

EXPOSITION PUBLIQUE

le Mercredi 29 Avril, de 2 à 6 heures.

Mᵉ Jules PLAÇAIS	Mᵉ Ed. KLEINMANN
COMMISSAIRE-PRISEUR	EXPERT, MARCHAND DE DESSINS
29, rue de Maubeuge	8, rue de la Victoire

PARIS — 1896

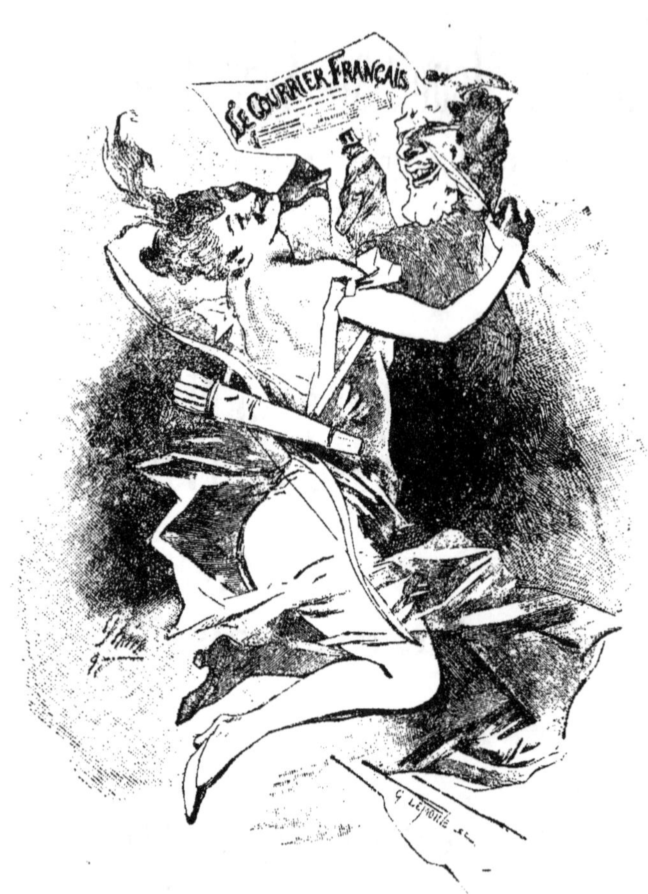

Le Courrier Français
Journal Hebdomadaire illustré

TREIZIÈME ANNÉE   **Prix du Numéro : 50 Centimes**   TREIZIÈME ANNÉE

dans tous les kiosques, libraires, gares, etc.

DIRECTEUR : JULES ROQUES

BUREAUX : *PARIS. 19, rue des Bons-Enfants, 19. PARIS*

ABONNEMENTS :

PARIS ET PROVINCE....... Un an : **25** fr.; Six mois : **12**f **50**.
ÉTRANGER.............. Un an : **35** fr.; Six mois : **20** fr.

PRIMES EXCEPTIONNELLES
Envoi numéro spécimen sur demande.

Catalogue des Dessins

MIS EN VENTE

à l'Hôtel Drouot, Salle n° 11

le Jeudi 30 Avril 1896

Beardsley.
Boutet (H.).
Cheret.
Coulon (E.).
Faverot.
Forain.
Gerbault.

Greiffenhagen (M.).
Guillaume (A.).
Legrand (Louis).
Paul (Hermann).
Pille (Henri).
Tilly.
Willette (A.).

Me Jules PLAÇAIS
Commissaire-Priseur
29, rue de Maubeuge.

Me Ed. KLEINMANN
Expert, Md de Dessins
8, rue de la Victoire.

Exposition publique le Mercredi 29 Avril.

Tous les Dessins et épreuves sont vendus avec interdiction formelle de droit de reproduction.

CONDITIONS DE LA VENTE

Elle se fera au comptant.

Les acquéreurs paieront, en sus des adjudications, cinq centimes par franc.

Les dessins sont vendus avec interdiction formelle de droit de reproduction.

M. Kleinmann se charge des commissions des personnes qui ne pourraient assister à la vente.

DESSINS

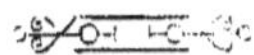

BEARDSLEY

1. Dessin.

BOUTET (Henri)

2. Etude pour les Levers et Couchers de Parisiennes.

CHÉRET

3. Magnitta (croquis original).

COULON (Emile)

4. Houri d'Occident.

FAVEROT

5. Chez le photographe.
6. Pains complets.

FORAIN

7. — On peut le lui dire à lui, — nous avons eu
   cette nuit le Petit Sucrier.

GERBAULT

8. Le Balayeur.
9. Dessin pour une pantomime, chez Molier.

GREIFFENHAGEN (Maurice)

10. Sortie de Drury-Lane, à Londres.

GUILLAUME (Albert)

11. Au Palais de Glace. — En tandem.
12. A la Scala. — La Revue *Paris fin de sexe*.

LEGRAND (Louis)

13. Page d'album.

Hermann PAUL

14. L'Invasion.
15. Miché d'été.
16. — Aimez bien vos parents.
17. Le Petit prodige.
18. Le Coup de vent.
19. Digestion.
20. L'Oiseau s'envole.
21. Petits soins.

22. Ballade à trois.
23. Les Trompettes de la Renommée.
24. La Gloire.
25. Le Pourboire du Déménageur.
26. Le Défilé a duré une heure et demie (journaux du
    lendemain).
27. Réception officielle.
28. Ludus pro Patria.
29. — Ça, c'est bien peint.
30. Un succès.
31. Départ.
32. Villes d'eaux. — Les Artistes.1
33. A la rencontre des invités.
34. A l'ancre.
35. Vacances.
36. Vive la...? (*ad libit*).
37. Villégiature. — Ça leur fait plaisir de ne plus se
    sentir enfermés.
38. Larbins de rois.
39. — Nous avons pris Tananarive.
40. Spectacle honnête.
41. — Quel délicieux concert, chère madame.

PILLE (Henri)

42. Dessin pour la carte des vins du restaurant
    Julien.

43. Dessin pour la carte des vins du restaurant Julien.
44. L'Invitation à la danse.
45. Le Patinage en Hollande.
46. Les Ramasseurs de bois mort.
47. A la recherche d'une bonne place.
48. Jour de fête.
49. Costumes militaires du Premier Empire.
50. — Elle aime à rire, elle aime à boire.
51. La Chaise à porteurs.
52. Aux Porcherons.
53. Les Anciens.
54. Encadrement.
55. L'Arbalétrier.
56. Les Rameaux.
57. L'Ecole d'équitation.
58. Jour de foire.
59. L'Epicier.

TILLY

60. Le Testament.
61. En route pour Paris.

WILLETTE

62. La Bicycliste.
63. Quadrille.

64. Les Pantalons.
65. L'Alliance franco-russe.
66. — O Marianne, tu n'es belle qu'en rêve.
67. Page de costumes pour *la Revue des Demi-Vierges* de M. Jean d'Arc aux Ambassadeurs.
68. Le Chevalier Printemps.
69. Présages du Printemps. — Allez, zon, les bougris, bougras, place à Sa Grâce le Chevalier Printemps.
70. Paris-spectacle.
71. *A Monsieur de Bismarck.* — Non, prince, vous vous êtes trompé, le laurier ne vient|pas dans le sang et les larmes.
72. Le Midi bouge.
73. *Cigale et Fourmi*, dessin pour une pantomime de M. Jean d'Arc représentée aux Ambassadeurs.
74. — Allons, Lépine, laissez-nous nos culottes, car l'Histoire rigolerait de trop si Lépine et sa police y fourraient leur nez !
75. Si M. Béranger me supprime, il n'y aura plus en France que des actionnaires, des fonctionnaires et des factionnaires !
76. Les Quat'z'Arts.
77. — Quels rasoirs les hommes !... en font-ils du foin avec leurs pétards! Ah ! c'est bien le siècle du Pétomane.
78. — Ah! maudite invention! Je ne puis plus suivre les femmes !

79. Messieurs les ingénieurs sont souvent de grands dramaturges.

80. — La Fleur a des racines, jeune fille, l'honneur n'en a pas,

81. — Allons, la Paix, il y aura toujours à boire chez moi... — Eh là-bas! ne crachez pas partout.

82. — En voulez-vous des z'homards? — Ah! la sale bête, elle a des poils aux pattes.

83. La Quarantaine. — Ah! schocking, monsieur, vous êtes nul comme... un ver!

84. Le chef de claque en retraite. — Depuis trente ans que j'fais la cuisine, c'est la première fois que j'entends gueuler un poisson.

85. Propos de route. — ... Où diable va-t-elle se nicher la Fortune de la France? — Courage, Pitou, v'là des crocodiles, elle n'est pas loin.

86. Larbinade. — Madame la Comtesse m'a péché, madame la Comtesse me chasse! Que la volonté de madame la Comtesse soit faite.

87. A la course.

88. — Du brouillard!... Tant mieux, je ne verrai pas le bonheur des autres.

89. *Ah! ah! ah!* — La gendarmerie de Luzarches a arrêté le 21 le nommé Théophile P..., manouvrier, demeurant au hameau de Baillon, pour dettes envers l'Etat.

(Le Petit Pontoisien.)

90. — Un verre de lait à une bête malfaisante comme toué, qui dévore fermes et châteaux !... Un bon coup de fourche, oui donc !

91. — Rapport et nonobstant que je soye municipal, je préfère renifler les dessous de cette jeunesse que ceux de la politique : c'est plus moral.

92. Costume de la *Revue des Demi-Vierges* de M. Jean d'Arc, représentée aux Ambassadeurs.

93. Jules Roques.

94. — Arrêtez ! vous insultez un futur officier français.
(*Procès de Joseph Prudhomme.*

95. Amères réflexions. — Il avait raison, Gambetta : les temps héroïques sont passés !

96. Mon carnet.

97. — Malheur ! que de rois autour de Marianne ! Ça va lui tourner la tête... et j'ai tant de choses à lui demander !

98. Et les tenailles de la mère Eve ne seront jamais rouillées !

99. Une idée de fête pour le Palais de Glace.

100. Duguesclin : — « Possible que je n'étais pas joli garçon, messire Déroulède, mais je vous défends de me faire représenter par cet affreux ! on dirait d'un z'homard. »

101. La danse attique.

Paris. — Imprimerie Paul Lemaire, 14, rue Séguier.